Murat Ertugrul

Entwicklungstendenzen bei Application Integration

GRIN - Verlag für akademische Texte

Der GRIN Verlag mit Sitz in München hat sich seit der Gründung im Jahr 1998 auf die Veröffentlichung akademischer Texte spezialisiert.

Die Verlagswebseite www.grin.com ist für Studenten, Hochschullehrer und andere Akademiker die ideale Plattform, ihre Fachtexte, Studienarbeiten, Abschlussarbeiten oder Dissertationen einem breiten Publikum zu präsentieren.

Dokument Nr. V136022 aus dem GRIN Verlagsprogramm

Murat Ertugrul

Entwicklungstendenzen bei Application Integration

GRIN Verlag

Bibliografische Information Der Deutschen Bibliothek: Die Deutsche
Bibliothek verzeichnet diese Publikation in der Deutschen Nationalbibliografie;
detaillierte bibliografische Daten sind im Internet über http://dnb.ddb.de/
abrufbar.

1. Auflage 2007
Copyright © 2007 GRIN Verlag
http://www.grin.com/
Druck und Bindung: Books on Demand GmbH, Norderstedt Germany
ISBN 978-3-640-44439-7

ANS09 Betriebswirtschaftliche Standardsoftware und Enterprise Application Integration (EAI)

**Entwicklungstendenzen bei Application Integration
(Begriffsbestimmungen, Tendenzen, Technologien)**

Inhaltsverzeichnis

1 Ausgangssituation

In der heutigen Unternehmenswelt ist eine Vielzahl von unterschiedlichen Anwendungssystemen (AWS) im Einsatz. Bereits innerhalb der Unternehmensgrenzen einer Organisation werden oft für die einzelnen Funktionsbereiche verschiedene AWS verwendet. Diese Vielfalt der Systeme ist in den meisten Fällen historisch gewachsen oder durch Fusionen entstanden.

Die eingesetzten Systeme sind allerdings i.d.R. nicht für die Zusammenarbeit mit anderen Systemen ausgelegt und verfügen daher kaum über (standardisierte) Schnittstellen zum Austausch der Daten. „Als Legacy-Systeme gelten alle Softwaresysteme, die mit einer früheren Softwaretechnologie als die gegenwärtige implementiert wurden."[1] Ein Austausch dieser Legacy-Systeme durch moderne Systeme mit offenen Kommunikationsmöglichkeiten, ist meistens nicht möglich, da es sich oftmals um geschäftskritische Anwendungen handelt. Ein Ausfall dieser Systeme würde die Zukunft des Unternehmens bedrohen und stellt daher ein zu großes Risiko dar.

Im Sinne der Vorstellung durchgängiger IT-gestützter Geschäftsprozesse, die teilweise unternehmensübergreifend erfolgen sollen, ist dies uneffektiv. Es besteht die Gefahr von redundanter Datenhaltung, Medienbrüchen und im schlimmsten Fall sogar von Informationsverlusten. Inkonsistenzen in den Datenbeständen der einzelnen AWS sind vorprogrammiert. Dies kann bereits durch einen so simplen Geschäftsvorgang wie einer Adressänderung passieren. Außerdem können dem Unternehmen erweiterte Möglichkeiten wie Cross-Selling-Aktivitäten oder eine einheitliche Kundenansprache entgehen.

„Die Hauptaufgabe einer Integrationslösung innerhalb einer Unternehmung ist die Abbildung von Geschäftsprozessen, die nur in einem Zusammenspiel mehrerer Anwendungssysteme automatisiert werden können."[2]

2 Enterprise Application Integration

„Der Begriff wurde geprägt durch das Bemühen, viele Anwendungen, die nicht für eine Zusammenarbeit entworfen wurden und auch nur Teilaufgaben von Geschäftsprozessen abdecken, dazu zu bringen, in einheitlichen Geschäftsprozessen zusammenzuspielen"[3]. „Mit den Mitteln der Integrationstechnologie werden bestehende Datenbanken, Transaktionen und Programme hinter einer Zugriffsschale gekapselt ... "[4]. Dies soll nach Möglichkeit so erfolgen, dass der Anwender nicht bemerkt, dass während des Prozessablaufs verschiedene AWS zum Einsatz kommen. Die Hauptaufgabe ist der automatisierte Datenaustausch zwischen den beteiligten Systemen.

Generell gilt bei der Vernetzung von AWS, dass semantisch identische Daten in jeweils spezifischen Datenstrukturen abgelegt werden. Daher sind sog. Mapping Tabellen zu pflegen, um eine korrekte Weiterverarbeitung der Daten im jeweiligen Zielsystem zu ermöglichen.

Die Vorteile, die durch EAI entstehen können liegen sowohl auf der Seite des Unternehmens als auch auf Kundenseite. Das Unternehmen ist in der Lage eine Steigerung der Effektivität und Effizienz seiner Geschäftsprozesse zu erzielen. Konkrete Maßnahme dazu sind Beseitigung von Medienbrüchen und Redundanzen,

---

[1] 1Sneed (2002) S.3
[2] Gräff S.23
[3] 3 Keller (2002) S.5
[4] Sneed (2002) S.4

Prozessoptimierung und eine sinkende Anzahl manueller Tätigkeiten. Langfristig steigt dadurch auch die Wettbewerbsfähigkeit des Unternehmens. Durch die effizienteren Prozessabläufe kann die Kundenzufriedenheit steigen, da schneller auf Anfragen reagiert werden kann oder die Qualität der Ware steigt.

Zunächst werden nun die verschiedenen technischen Möglichkeiten der EAI erläutert.

2.1 Punkt-zu-Punkt-Integration

Auf der Punkt-zu-Punkt (P2P) Integrationsstufe erfolgt die Kopplung durch eine direkte Kommunikationsverbindung zwischen den beiden zu Verbindenden AWS.

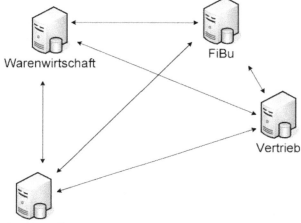

Abbildung 1: Punkt-zu-Punkt-Integration von Anwendungssystemen Quelle: Eigene Darstellung

Die Anzahl der benötigten Schnittstellen steigt mit zunehmender Anzahl an AWS linear nach der Formel $n*(n-1)$ an. Dies bedeutet, dass sich der Aufwand zur Einrichtung und anschließenden Wartung der Schnittstellen mit jedem neuen AWS erhöht.

Bereits in dieser relativ kleinen Umgebung mit 4 AWS werden zur vollständigen Integration 12 Schnittstellen benötigt. Da es sich bei jeder Schnittstelle i.d.R. um individuell angepasste Verbindungen handelt ist die Implementierung mit hohem Aufwand verbunden. Erfolgt ein Austausch eines AWS, müssen mit einem Schlag für Schnittstellenanpassungen in den verbliebenen drei AWS durchgeführt werden.

Die Anfangskosten einer P2P-Integration sind relativ gering. Es fallen nur die ohnehin zu zahlenden Lizenzkosten für die Anwendungssoftware und die Einrichtung der Schnittstellen in den jeweiligen AWS an. Aus den o.g. Gründen sind allerdings Betrieb und Wartung von hohen Folgekosten begleitet.

2.2 Hub-and-Spoke-Arch itecture (HaS)

Ins Deutsche übersetzt bedeutet der Begriff Nabe-und-Speichen-Architektur und entstand in Anlehnung an den Aufbau des Fahrrad-Reifens. Von der zentralen Stelle – der Nabe – sind sämtliche angeschlossenen AWS über definierte Wege – die Speichen – zu erreichen.

Um der hohen Anzahl der Schnittstellen, und dem daraus entstehendem hohen Wartungsaufwand, als bedeutendem Nachteil der P2P-Integration zu begegnen wurde die HaS entwickelt. Um eine plattform- und systemübergreifende Integration zu ermöglichen wird eine Kommunikationsebene in Form einer gemeinsamen, zentralen Middleware eingesetzt.

Die Anzahl der benötigten Schnittstellen sowie der Aufwand für Wartung und Betrieb soll dadurch minimiert werden.

Jedes anzuschließende AWS benötigt lediglich zwei Schnittstellen (Hin- und Rückweg) zum zentralen EAI Broker. Dieser wird auch als Middleware bezeichnet. Der EAI Broker agiert als Kommunikationszentrale und steuert den Datenaustausch zwischen den AWS.

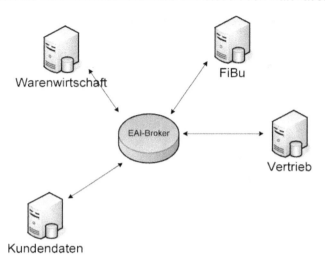

Abbildung 2: HaS zur EAI-Integration von Anwendungssystemen Quelle: Eigene Darstellung Der EAI Broker entspricht in der HaS der Nabe und die zu integrierenden AWS sind als die Endstellen der Speichen zu verstehen.

Wichtige Aufgabe des EAI Brokers ist ebenfalls die Datentransformation in die Syntax der entsprechenden Quell- und Zielsysteme. Um dies zu erreichen ist es sinnvoll, eine systemunabhängige Datenstruktur, ein sog. Basisschema, zu schaffen. Für jedes anzuschließende AWS ist nun lediglich eine einmalige Mapping-Tabelle zu diesem Basisschema zu definieren.

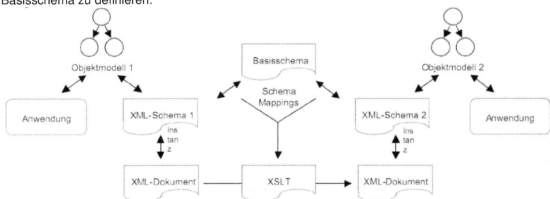

Abbildung 3: Mapping von Datenstrukturen zu einen Basisschema Quelle: Gräff S.26

Die Anzahl der benötigen Schnittstellen sinkt also auf 2n. Damit werden in unserem Beispiel nur noch 8 Schnittstellen anstelle von 12 bei der P2P-Integration benötigt. Die Investivkosten dieser Architektur sind im Vergleich zur P2P-Integration deutlich höher, da eine EAI Komponente benötigt wird. Diese ist i.d.R. kostenpflichtig. Zusätzlich fällt Aufwand für die Basiskonfiguration der EAI Lösung an. Die Folgekosten reduzieren sich jedoch

deutlich dadurch, dass die Anzahl der Schnittstellen sinkt und der Wartungsaufwand dank des Basisschemas ebenfalls verringert wird.

2.3 Bus-Architektur

Der Unterschied der Bus-Architektur zur HaS liegt darin, dass bei dieser Architektur die Nachrichten auf einem zentralen Datenbus eingestellt werden. Es handelt sich hierbei um eine asynchrone Kommunikation, die in Abschnitt 2.4.2 näher erläutert wird.

Jedes angeschlossene AWS lauscht an diesem Datenbus, ob dort eine für sich relevante Nachricht existiert und liest diese bei Bedarf aus. Die Nachricht bleibt trotz Verarbeitung auf dem Datenbus und steht somit anderen angeschlossenen AWS weiterhin zur Verfügung. Damit der Datenbus nicht „überläuft" ist das EAI System dafür verantwortlich die Nachricht nach Ablauf eines Zeitfensters wieder vom Datenbus zu entfernen.

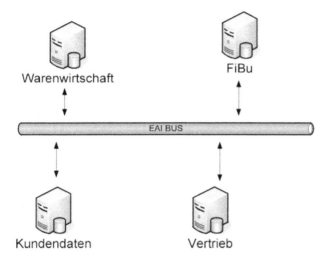

Abbildung 4: Bus-Architektur
Quelle: Eigene Darstellung

Wie bei der HaS sind bei der Bus-Architektur hohe Investitionskosten bei geringeren Folgekosten zu erwarten. Durch das einfache Abstellen der Nachrichten auf dem EAI Bus steigt die Performance des Gesamtsystems. Dadurch ist die Bus-Architektur für Massenverteilung durch Broadcasting oder Datensammlung in Form eines Data Warehouse sehr gut geeignet.

2.4 Architekturebenen

„Die Umsetzung einer EAI-Architektur kann anhand von vier verschiedenen *Abstraktionsebenen* (Sichten) betrachtet werden:"[5]
  - Integrationsmodell
  - Kommunikationsmodell
  - Integrationsmechanismen
  - Middleware

---

[5] Sneed (2002) S.4

2.4.1 Integrationsmodell

Das Integrationsmodell beschreibt die Ebene, auf der die Integration ansetzt und welche konkreten Maßnahmen durchgeführt werden. Es wird unterschieden in

Ebene (nach ansteigender Komplexität)	Maßnahme(n)
Benutzeroberfläche (GUI)	Selbstständige Anwendungssysteme werden über eine gemeinsame GUI bedient
Datenebene	Mehrere Systeme greifen auf identischen physikalischen Datenbestand (z.B. in DBMS) zu
Application-I nterface-Ebene	Einsatz von Schnittstellen Verknüpfung von Geschäftsprozessen
Funktionsebene	Einsatz von Schnittstellen Gemeinsame Nutzung einer Geschäftslogik innerhalb der gesamten Unternehmung

Tabelle 1: Unterscheidung EAI-Architektur nach verwendetem Integrationsmodell Quelle: Eigene Darstellung in Anlehnung an Gräff S.10

2.4.2 Kommunikationsmodell

Das Kommunikationsmodell beschreibt die konzeptuelle Umsetzung des Nachrichtenaustausches. Es wird in synchrone und asynchrone Kommunikation unterschieden.

Der Sender schickt eine Nachricht an einen Empfänger. Wird die Antwort des Empfängers zur weiteren Verarbeitung im Prozessablauf benötigt, muss die Kommunikation synchron erfolgen. Dies bedeutet, dass der Aufrufende Prozess in seiner Verarbeitung solange blockiert wird, bis die Antwort des Empfängers beim Sender eingetroffen ist. Der Inhalt der Antwort wird sofort nach Erhalt im weiteren Prozessablauf verarbeitet.

Abbildung 5: Synchrone Kommunikation Quelle: *Abbildung 6: Asynchrone Kommunikation Quelle:*

Ist der Zeitpunkt der Antwort nicht relevant kann die Kommunikation asynchron erfolgen. Der Prozess des Senders kann direkt nach Absenden der Nachricht fortgesetzt werden. Eingehende Antworten werden in einer Warteschlange gespeichert und bei Bedarf verarbeitet.

2.4.3 Integrationsmechanismen

Die Integrationsmechanismen definieren den konkreten Ablauf des Datenaustausches. Dabei wird unterschieden in Integration durch Einsatz von Messaging (z.B. bei der Bus-Architektur) oder durch Implementierung von Schnittstellen (z.B. P2P oder HaS).

Unabhängig von der Art des Datenaustausches wird für jedes zu Integrierende AWS ein Adapter benötigt, um die Daten vom spezifischen Datenformat der Anwendung in allgemeines Datenformat zu überführen.

2.4.4 Middleware

„Middleware ist eine Softwareschicht, die Kommunikationsdienste für verteilte Anwendungen über Standardschnittstellen bereitstellt und damit eine Integration der Anwendungen und ihrer Daten ermöglicht."[6] In der Vergangenheit erfolgte die Integration von Anwendungen auf einem vergleichsweise tiefen technischen Level, der Netzwerkprotokoll- oder der Transportebene. Die Zielsetzung aktueller EAI Systeme ist jedoch die Bereitstellung von Middleware auf einer höheren Ebene, so dass die Integration ohne großen Programmieraufwand erfolgen kann. [7]

Gräff unterscheidet drei folgende Basistypen von
Middleware:[8] - Remote Procedure Calls
(RPC)
- Message-Orientated Middleware (MOM)
- Technologie der verteilten Objekte

Remote Procedure Calls (RPCs)
RPCs sind synchrone Kommunikationsaufrufe und werden verstärkt im Rahmen der P2P-Integration eingesetzt. Im Quelltext der Anwendung wird auf eine Funktion zugegriffen. Die Besonderheit liegt darin, dass es sich nicht um eine lokale Funktion im eigenen Quelltext handelt, sondern die entsprechende Funktion von einem anderen Rechner im Netzwerk angeboten wird. Der Anwender bemerkt im Idealfall überhaupt nicht, dass die aufgerufene Funktion von einem anderen Rechner zur Verfügung gestellt wird. Die Kapselung des Aufrufs erfolgt vollständig transparent durch den Client- bzw. Server-Stub. Der schematische Ablauf eines RPC Aufrufs ist ein Abbildung 7: dargestellt.

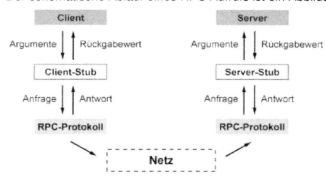

Abbildung 7: Schematische Darstellung eines RPC Aufrufs Quelle: Euler (2005)

Ein großer Nachteil von RPCs ist, dass sie hart codiert sind. Ändert sich nun auf der Seite des Servers ein Übergabeparameter, müssen alle Clients, die diese Funktion nutzen neu compiliert werden.

Weitere Varianten sind Remote Data Access oder das Distributed Transaction Processing. Remote Data Access definiert über eine standardisierte Abf ragesprache (z.B. ODBC) Zugriff auf die Datenbasis des jeweiligen Anwendungssystems. Distributed Transaction Processing ähnelt dem eigentlichen RPC Zugriff. Der Unterschied liegt jedoch darin, dass vollständige Transaktionen statt einzelner Funktionen über das Netzwerk aufgerufen werden. [9]

Message-Oriented-Middleware (MOM):

---

[6] Gabler (2004) S.2043
[7] Vgl. Gräff S.1 1
[8] Vgl. Gräff S.12
[9] Vgl. Schelp (2002) S.13

„MOM basiert auf dem Austausch von Nachrichten und ermöglicht sowohl eine synchrone Kommunikation wie bei den RPCs als auch eine asynchrone [..] Kommunikation."[10] Typische Tätigkeiten sind Anlegen, Weitergeben, Ausliefern und Speichern von Nachrichten in einer Warteschlange. Diese Technologie ist besonders gut für die asynchrone Kommunikation geeignet, da die Verarbeitung auch bei einem Netzwerkausfall nicht gestört wird.

Technologie der verteilten Objekte:
Bei dieser Technologie werden Methoden von entfernten Objekten aufgerufen. Es handelt sich um ein vergleichbares Prinzip wie den RPCs und basiert auf der Idee, dass man Objekte (einer Programmierumgebung) über mehrere physische Rechner und Systeme transparent verteilen können möchte.[11]

Als Standard für die Technologie der verteilten Objekte hat sichCORBA etabliert.

2.5 Webservices

Webservices sind Softwaremodule, die definierte Funktionen bereitstellen und anderen durch ein Netzwerk zur Verwendung anbieten. „Übertragungsstandards sollen dafür sorgen, dass Daten und Funktionalität zwischen Kommunikationspartnern ausgetauscht werden können."[12] Als Kommunikationspartner kommen ausschließlich Maschinen in Form von AWS zum Einsatz. Die Kommunikation wird daher als Maschine-zu-Maschine-Kommunikation (M2M) bezeichnet.[13] Der technische Zugriff erfolgt dabei durch, aus dem Internet bekannter Standardprotokolle, wie HTTP, SMTP oder FTP. Der inhaltliche Austausch der Daten erfolgt durch XML Dokumente.

Im Unterschied zum klassischen Web-Ansatz ist kein Anwender erforderlich, der Daten durch einen Browser von einem Webserver abruft. Webservices sind Programme, die, sobald sie gestartet sind, mit der Kommunikation untereinander beginnen können.

Es ist möglich ein und denselben Webservice unter verschiedenen Plattformen sowohl als Anbieter als auch als Anwender einzusetzen.

2.5.1 Basistechnologie

Webservices werden innerhalb einer M2M zum automatisierten Datenaustausch zwischen AWS verwendet. Damit ein erfolgreicher Datenaustausch stattfinden kann, müssen die an der Kommunikation beteiligten Systeme bestimmte Rollenprofile einnehmen. Abbildung 8: zeigt eine schematische Darstellung der Webservice Kommunikation.

---

[10] Schelp (2002) S.13
[11] Vgl. Keller (2002) S.87
[12] Hauser (2004) S.12
[13] Vgl. Hauser (2004) S.12

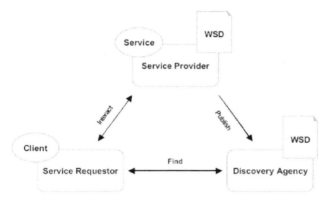

Abbildung 8: Rollenverteilung bei Webservice Kommunikation Quelle: Gräff S.17

Das Nachfragende System (Service Requestor) ist auf der Suche nach einer bestimmten Leistung (Find). Um einen geeigneten Anbieter (Service Provider) dieser Leistung zu finden stellt der Nachfrager eine Anfrage bei einem Verzeichnisdienst (Discovery Agent). Die Funktion des Verzeichnisdienstes ist mit den „Gelben Seiten" vergleichbar. Damit der Anbieter vom Nachfrager gefunden werden kann, muss dieser zuvor die von ihm angebotenen Dienste beim Verzeichnisdienst registrieren (publish). Kommt es zu einer Übereinstimmung von Anbieter und Nachfrager, vermittelt der Verzeichnisdienst zwischen den beiden Parteien. Die restliche Kommunikation erfolgt dann in direkter Verbindung zwischen Anbieter und Nachfrager (Interact).

Damit die entsprechenden Details zwischen den angebotenen und gesuchten Diensten automatisiert ausgetauscht werden können, wurde der Webservice Description Standard (WSD) entwickelt, durch den Details über die angebotenen Funktionen, die benötigten Nachrichtenformate und Protokolle ausgetauscht werden.

2.5.2 Webservice Architektur

Die Webservice Architektur kann durch ein Zwiebelschalenmodell beschrieben werden. Die einzelnen Schichten bauen aufeinander auf. Die Komplexität steigt von innen nach außen an. In Abbildung 9: wird beispielhaft die SOAP Architektur dargestellt. Allerdings können zum Transport auch andere Technologien (z.B. RPC oder MOM) verwendet werden.[14]

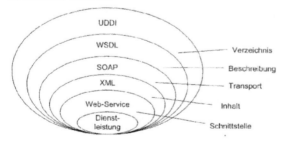

Abbildung 9: Webservice Architektur Quelle: Reinheimer (2007) S. 11

---

[14] Vgl. Reinheimer (2007) S.1 1

Im Mittelpunkt steht die Dienstleistung, die der Allgemeinheit angeboten werden soll. Damit diese über ein Netzwerk genutzt werden kann, wird sie in einen Webservice gekapselt. Alternativ können bei Legacy-System Wrapper zum Einsatz kommen um die Dienstleistung anzubieten. Die dabei auszutauschenden Informationen werden durch XML Daten beschrieben. Der Transport der Informationen erfolgt durch das SOAP Protokoll. SOAP wird technisch z.B. durch das aus der TCP/IP Protokollfamilie stammende HTTP Protokoll transportiert wird. SOAP-Nachrichten eignen sich sowohl um synchrone Funktionsaufrufe (vergleichbar mit RPC-Aufrufen) als auch den reinen Informationsaustausch durch asynchron versendete Nachrichten durchzuführen.

Der Bereich mit dem Titel „Beschreibung" verwendet die „Web Service Description Language" (WSDL) mit deren Hilfe auf Grundlage von XML eine Dokumentation des entsprechenden Webservice zur Verfügung gestellt wird. Inhalt der Dokumentation sind Informationen über die eigentliche Funktion des Dienstes sowie die Parameter, die zum Aufruf des Dienstes benötigt werden.

Im Bereich UDDI werden die Verzeichnisdienste (vgl. Discovery Agency in Abbildung 8: beschrieben, die es ermöglichen Webservices für Dritte zugänglich zu machen. Dazu wird das Universal Description, Discovery and Integration-Protokoll (UDDI) verwendet.

2.5.3 Datentransformation

Datentransformation ist notwendig, um die auszutauschenden Daten in das Datenformat des jeweiligen Systems zu überführen. Dieser Vorgang wird als Mapping bezeichnet. Um die Anzahl der benötigten Mappings überschaubar und wartbar halten zu können, ist es sinnvoll ein übergeordnetes Basisschema zu definieren. Alle angeschlossenen AWS müssen lediglich ein Mapping zu diesem Basisschema durchführen.

Die Daten werden in Form von XML Dokumenten zur Übermittlung bereitgestellt. XML Dokumente gehören zur eXtensible Stylesheet Language (XSL) Sprachfamilie, die aus den folgenden zwei Kernkomponenten besteht:

2.   XSL Formatting Object (XSL-FO) zur Formatierung von XML Daten und

1.   XSL Transformation (XSLT) zur Transformation von XML Daten in andere Formate

„XSL wurde entwickelt um eine Formatierte Darstellung von XML Daten zu ermöglichen, vergleichbar mit Cascading Style Sheets (CSS) für HTML Dokumente. XML Dokumente können jedoch wesentlich komplexere Inhalte als HTML Dokumente haben. Daher gehören neben reinen Anzeigefunktionen auch Elemente zur Manipulation zum Leistungsumfang von XSL, die teilweise an Programmier- oder Skriptsprachen erinnern."

Die entsprechenden Transformationsanweisungen werden in einem XSL Dokument definiert. Dieses wird durch das umzuwandelnde XML Dokument referenziert. Die eigentliche Umwandlung erfolgt zur Laufzeit durch einen Parser. Der Parser, ein Softwaremodul, kann in einem Webbrowser integriert, auf einem Webserver aktiviert oder nativ auf einem Rechner installiert sein. Die Transformation erfolgt ohne interaktiven Eingriff eines Benutzers und ist daher gut geeignet zur Maschinen-Maschinen Kommunikation, wie im Fall von EAI.

3 Tendenzen

3.1 Portale

Portale werden in der Regel als Webanwendungen programmiert und dem Anwender durch einen Browser zur Verfügung gestellt. Sie stellen eine einheitliche Benutzeroberfläche zur Verfügung und sind somit auf der obersten Ebene der Anwendungsintegration einzuordnen (vgl. Abschnitt -). Dem Anwender werden folgende Mehrwerte durch Portale geboten:

- Einheitliche Benutzeroberfläche
- Personalisierung der Benutzeroberfläche
- Suchfunktionen über Datenbestände sämtlicher integrierter AWS
- Einmalige Anmeldung (Single Sign-On) und Zugang zu allen integrierten AWS
- Wissensverwaltung (z.B. Knowledge Base, Wikis, FAQ-Datenbank)
- Flexibilität bei Integration von weiteren Systemen
- Geringer Schulungsaufwand, da Umgang mit Browser allgemein bekannt ist

Portale sind primär für den unternehmensinternen Einsatz im Intranet gedacht, stellen aber eine einfache Möglichkeit dar, die Integration über die Grenzen des Unternehmens zu erweitern. Durch die Verwendung des TCP/IP Protokolls können die Portallösungen mit relativ geringem Aufwand unter akzeptablen Sicherheitsmechanismen wie Firewalls, Proxys und dem Einsatz einer DMZ für externe Anwender zur Verfügung gestellt werden. Dies ist der Grundstein für den Aufbau einer Supply Chain, eines CRM Portals oder eines Extranets.

3.2 Serviceorientierte Architektur (SOA)

SOA ist eines der Schlagworte des heutigen IT-Zeitalters, das häufig mit Webservices gleichgesetzt wird. Tatsächlich ist SOA ein Konzept und Webservices eine (von mehreren) konkrete Möglichkeit um dieses Konzept umzusetzen. Alternativen sind z.B. klassische Middleware-Technologien wie CORBA und COM+

„SOA ist ein technologieunabhängiges Architekturkonzept, das Softwarearchitekturen einfacher und flexibler machen soll und dabei die Wiederverwendung bestehender Komponenten unterstützt"[15]

Die Idee von SOA besteht darin, ein Softwaresystem zu designen, das aus einer großen Anzahl von unterschiedlichen Funktionsbausteinen besteht. Jeder Baustein erfüllt eine genau definierte Aufgabe die er zur Verfügung stellt. Dieser Vorgang wird als Kapselung bezeichnet. Der große Vorteil den SOA bietet ist, dass die Bausteine – auch Services genannt – beliebig miteinander kombiniert werden können. Erfolgt eine Änderung an der Funktion eines Services muss lediglich dieser eine Baustein ausgetauscht werden. Alle anderen bleiben von der Anpassung unberührt. Diese Eigenschaft wird als lose Koppelung bezeichnet.

Da sich Geschäftsprozesse durch die dynamischen Marktbedingungen häufig verändern ist durch diese lose Koppelung eine hohe Flexibilität bei der Gestaltung der Geschäftsprozesse gegeben.

Hauptziele von SOA sind neben der hohen Wiederverwendbarkeit der einzelnen Bausteine, eine Verringerung der Abhängigkeit von Einzelsystemen und die Verringerung der Komplexität der Systemlandschaften.

---

[15] Reinheimer (2007) S.8

4 Fazit

Integration von AWS ist keine neue Fragestellung sondern existiert bereits seit mehreren Jahren. Die mittlerweile weite Verbreitung von Internet-Technologien und mobilen Endgeräten ist Ursache für einen generellen Wandel im Bereich der Informationstechnologie. Diese Entwicklung ist auch die Ursache für den großen Erfolg von Technologien wie SOA, XML, Webservices usw.

Wurde Integration früher auf relativ niedriger technischer Ebene in Form von Schnittstellenanpassungen betrieben, erfolgt die Integrationsleistung heute dank standardisierter Schnittstellen viel mehr auf Ebene der Geschäftsprozessmodellierung. Daher ist es nicht verwunderlich, dass diese modernen Gedanken sich auch im Markt der (Enterprise) Application Integration durchsetzen konnten.

Der Hersteller von EAI Software sind bestrebt diese Standardtechnologien und -schnittstellen einzusetzen um den Aufwand für Administration und Wartung Ihrer Systeme zu verringern. Dies steigert letztendlich die Akzeptanz für Ihre Lösung.

Integrationslandschaften sind eine gute Gelegenheit sich den kommenden Anforderungen der Kunden, Lieferanten und auch der eigenen Mitarbeiter zu stellen und diesen durch den Einsatz von Portalen als Ergänzung zur unternehmensinternen Integration zu begegnen. Dadurch kann die Integration sogar weit über die eigenen Unternehmensgrenzen hinaus fortgesetzt werden.

5 Literaturverzeichnis

Euler Stephan (2005): Netzwerk-Know-How, Kapitel 9: Remote Procedure Call – RPC, URL: http://www.microsoft.com/germany/technet/datenbank/articles/600855.mspx, Abruf datum: 22.02.2009, Ausdruckdatum: 22.02.2009

Gabler (2004): Wirtschaftslexikon, 16. vollst. überarb. und akt. Auflage,

Wiesbaden: Gabler Gräff Ullrich, (o.D.), Begleitmaterial zum AKAD

Studienmodul ANS09

Hauser, Tobias, Löwer, Ulrich M. (2004), Web Services, Die Standards, Bonn: Galileo Press

Keller Wolfgang (2002): Enterprise Application Integration – Erfahrungen aus der Praxis, Heidelberg: dpunkt.Verlag

o.V., (o.D.): Grundlagen von XSL/XSLT, URL: http://de.selfhtml.org/xml/darstellung/xslgrundlagen.htm, Abrufdatum: 22.02.2009, Ausdruckdatum: 22.02.2009

Reinheimer, Stefan et.al. (2007): 10 Antworten zu SOA in Hans-Peter Fröschle, Stefan Reinheimer (Hrsg.): Praxis der Wirtschaftsinformatik, Heft 253, Februar 2007, Wiesbaden: dpunkt.Verlag: S. 7- 17

Schelp, Joachim, Winter, Robert (2002): Enterprise Portals und Enterprise Application Integration in: Stefan Meinhardt, Karl Popp (Hrsg.): Praxis der Wirtschaftsinformatik, Heft 225, Juni 2002, Wiesbaden: dpunkt.Verlag: S. 6-20

Sneed, Harry M. (2002): statt Migration. In: Stefan Meinhardt, Karl Popp (Hrsg.): Praxis der Wirtschaftsinformatik, Heft 225, Juni 2002, Wiesbaden: dpunkt.Verlag: S. 3-4
Wirtschaftsinformatik, Heft 225, Juni 2002, Wiesbaden: dpunkt.Verlag: S. 3-4

www.ingramcontent.com/pod-product-compliance
Lightning Source LLC
LaVergne TN
LVHW080119070326
832902LV00015B/2679